AF338457

MANTO LA FÉE,

OPERA

REPRÉSENTÉ

POUR LA PREMIERE FOIS

PAR L'ACADEMIE ROYALE

DE MUSIQUE,

Le Jeudy vingt-neuviéme Janvier 1711.

A été remise au Jeudy suivant 5ⁿ. Février 1711.

A PARIS,

Chez CHRISTOPHE BALLARD, seul Imprimeur du Roy
pour la Musique, ruë S. Jean de Beauvais, au Mont-Parnasse.

M. DCC XI.

Avec Privilege de Sa Majesté.

LE PRIX EST DE TRENTE SOLS.

PERSONNAGES
DU PROLOGUE.

MERLIN, *fameux Enchanteur*,   Mr Hardoüin.

   Un Suivant de Merlin,   Monſieur Buſeau.

MELISSE, *Fée.*   Mademoiſelle Dun.

L'AMOUR.   Monſieur Lebeau.

FE'ES, *de la Suite de Meliſſe.*

UNE FE'E,   Mademoiſelle Loignon.

Troupe d'Amours.

Troupe de Genies de la Suite de Merlin.

Noms des Actrices & des Acteurs, chantants dans les Chœurs du Prologue, & de l'Opera.

SECOND RANG.		PREMIER RANG.	
MESDEMOISELLES.			
Baſſet.	Laurent.	Guillet.	Vence.
Boiſé.	Du Laurier.	Tetlet.	Loignon.
MESSIEURS.			
Juliard.	Morand.	Lebeau.	Corbie.
Le Jeune.	Alexandre.	Paris.	Flamand.
Lebel.	Renard.	Thomas.	Verny.
Cadot.	Dupleſſis.	Courteil.	

DIVERTISSEMENT
du Prologue.

FE'ES DE LA SUITE DE MELISSE.

Mesdemoiselles Chaillou, le Maire, Menés, Maugis,
& Harang.

GENIES DE LA SUITE DE MERLIN.

Messieurs Germain, Ferrand, Marcelle, Dumoulin L.,
Javilier, & Gaudrau.

On vend le Recüeil général des Paroles
des Opera, en neuf Volumes in-douze,
ornez de Planches,   18. liv.

On vend séparément le Neuviéme
Volume nouvellement imprimé.

PROLOGUE.

Le Théatre repréfente le lieu où MERLIN s'eſt enfermé pour plaire à ſa Maîtreſſe. Il y eſt enchanté avec les Genies de ſa Suite, & des Amours qui paroiſſent endormis autour de luy.

SCENE PREMIERE.
MELISSE.

'Eſt icy le ſéjour
Où le tendre Merlin par un excés
    d'amour,
S'eſt enchanté luy-même,
Pour plaire à la Beauté qui l'avoit
    ſçû charmer.
Qu'il ſeroit doux de s'enflâmer,
Si l'on aimoit encore de même !

SCENE DEUXIE'ME.

MELISSE, & sa Suite.

MELISSE, à sa Suite.

VOus, qui me secondeʒ dans mes soins bienfaisants,
　　Que vôtre ʒele au mien s'unisse.
Veneʒ, ne perdons plus de précieux instants,
　　Faisons que ce charme finisse,
　　Et retirons de ces antres secrets
　　Le plus fidele Amant, qui fût jamais.

MELISSE fait des cérémonies magiques,
　　tandis que sa Suite danse.

MELISSE voyant que l'enchantement ne cede point
　　à son Art, invoque l'AMOUR.

De ce charme, la force extrême
A tout mon Art ne peut céder.
Amour, daigneʒ me seconder,
Il ne doit céder qu'à vous même.

Descendeʒ, trop charmant Amour,
Voleʒ, faites voir en ce jour,
Votre pouvoir suprême.

On entend une douce Symphonie.

MELISSE.

Nos vœux sont exaucez, l'Amour vient dans ces lieux,
Esperons tout du plus puissant des Dieux.

LE CHOEUR repete ces deux vers.

SCENE TROISIE'ME.

L'AMOUR dans son char, avec sa Suite.
Et les Acteurs de la Scene précedente.

L'AMOUR.

JE viens seconder vôtre zele,
  Voyez finir l'enchantement
Où s'est livré luy-même, un trop fidele Amant,
  Pour rendre sa flâme immortelle.

L'AMOUR décoche un trait sur le lieu où MERLIN
  est enfermé, & l'enchantement se dissipe.

MERLIN se réveillant.

  Quel pouvoir au jour me rapelle?
Ah! c'est l'Amour, qui l'auroit pû penser!
  C'est luy qui m'y fit renoncer,
  Pour conserver mon cœur fidele
  Au seul Objet qui l'avoit sçû blesser......

L'AMOUR à MERLIN.

  Garde à jamais une flâme si belle.
  Mais il est temps que les Amours,
Dont tu rendois icy le pouvoir inutile,
  Puissent sortir d'un séjour si tranquile.
  Tout l'Univers languit sans leur secours,
  Sans eux, il n'est point de beaux jours.

MERLIN & MELISSE.

Volez, Amours, volez, & de vos douces flâmes
  Allez enchanter tous les cœurs....

  Sans vous, sans vos tendres ardeurs,
Les plaisirs les plus doux ne touchent point nos ames.
Volez, Amours, &c.   Les AMOURS s'envolent.

PROLOGUE.

Danse des Fées & des Genies.
UNE FE'E.

Amour que tes chaînes sont belles,
Quand tu viens combler nos souhaits !
S'il est encor quelques Cruelles,
Charmant Vainqueur lance les traits
Dont tu punis les cœurs rebelles,
Triomphe Amour, regne à jamais.

MELISSE & LE CHOEUR alternativement.

Dans ces beaux lieux
Chantez l'Amour, chantez sa gloire.

Il est le plus charmant des Dieux,
Sur quels cœurs n'a-t-il pas remporté la victoire ?

Dans ces beaux lieux
Chantez l'Amour, chantez sa gloire.

On danse.

UN GENIE.

En vain l'Astre du jour
Répand sa divine lumiere,
Si le charmant Amour
Ne vient pas à son tour
Animer la nature entiere.

Que de biens par luy sont offerts
Aux cœurs soûmis à son obeïssance !
Aux Cieux, sur la Terre, aux Enfers,
Et dans le vaste sein des Mers,
Tout reconnoît l'Amour & sa puissance,
Il est l'ame de l'Univers.

On continuë de danser.

L'AMOUR.

PROLOGUE.

L'AMOUR à MERLIN.

Il est temps de quitter un séjour si paisible.
Un Heros qui jadis fut commis à ta foy,
Pour un Objet charmant est devenu sensible,
Tu dois servir ses feux, vien dans mon char, suy-moy,
Un grand cœur soumis à ma loy,
Ne doit rien trouver d'impossible.

L'AMOUR s'envole avec MERLIN.

MELISSE.

Volez, Amour, volez, & de vos douces flâmes,
Allez enchanter tous les cœurs.

LE CHOEUR.

Volez, Amour, volez, & de vos douces flâmes,
Allez enchanter tous les cœurs.

Sans vous, sans vos tendres ardeurs,
Les plaisirs les plus doux ne touchent point nos ames.
Volez, Amour, volez, & de vos douces flâmes,
Allez enchanter tous les cœurs.

FIN DU PROLOGUE.

ACTEURS
DE L'OPERA.

MANTO, *Fée*, Mademoiselle Desjardins.

MLICARCIS, *Prince du sang des Rois de Syrie, aime de Manto, & qui aime Ziriane.* Mr Thevenard.

ZIRIANE, *Princesse de Syrie, qui aime Iphis en secret.* Mademoiselle Journet.

IPHIS, *fils de Manto, mais inconnu, & qui aime Ziriane en secret.* Monsieur Cochereau.

MERLIN, *fameux Enchanteur, qui a enlevé Iphis à Manto, le jour de sa naissance, & l'a élevé.* Mr Dun.

ISMENE, *Fée, amie de Manto.* Melle D'Hucqueville.

Peuples de Syrie.

UN SYRIEN. Monsieur Buseau.

UNE SYRIENNE. Mademoiselle Dun.

Bergers galants & Bergeres galantes.

UN BERGER. Monsieur Buseau.

UNE BERGÉRE. Mademoiselle Dun.

Esprits évoquez par Manto.
Les Jeux & les Plaisirs.

UNE GRACE. Mademoiselle Loignon.

UNE AUTRE GRACE. Mademoiselle Dun.

Princesses desenchantées.

UNE PRINCESSE desenchantée, Mademoiselle Dun.
Suite de Merlin.

DEUX SAUVAGES, Mrs Mautienne, & Buseau.

DIVERTISSEMENTS
de l'Opera.

PRÉMIER ACTE.

SYRIENS.

Messieurs Blondy, Marcel. F-Dumoulin, & D-Dumoulin.

SYRIENNES.

Mesdemoiselles Ménés, Dufresne, Lemaire, & Harang.

SECOND ACTE.

BERGERS GALANTS & BERGERES.

Mr. D-Dumoulin, & Melle Guyot.

Messieurs Germain, Dumoulin-L., Gaudrau, & Pierret.

Mesdemoiselles Maugis, Dufresne, Harang, & Issecq.

UNE DRIADE.

Mademoiselle Prevôt.

DEUX PAYSANS.

Messieurs F-Dumoulin, & D-Dumoulin.

TROISIÉME ACTE.

VENTS SOUTERAINS.

Messieurs Germain, Dumoulin-L., Blondy, & Marcel.

VENTS AERIENS.

Messieurs F-Dumoulin, P-Dumoulin, Gaudrau, & Pierret.

B ij

QUATRIÉME ACTE.

LES GRACES.

Mademoiselle Guyot.
Mesdemoiselles, Chaillou, Menés, & Lemaire.

LES AMOURS.

Messieurs Moreau, Maltaire, Antoine, Brunet,
& Javilliers.

PLAISIRS.

Messieurs F-Dumoulin, & P-Dumoulin.

JEUX.

Messieurs Gaudrau, & Javilliers.

CINQUIÉME ACTE.

ESPAGNOLS.

Messieurs Germain, Dumoulin-L., Ferand, & Gaudrau.

ESPAGNOLETTES.

Mesdemoiselles Menés, Lemaire, Dufresne,
& Harang.

SAUVAGES.

Monsieur Blondy.
Messieurs F-Dumoulin, P-Dumoulin, Marcel,
& Javiliers.

MANTO,

OPERA.

ACTE PREMIER.

Le Théatre repréfente l'avant-Palais des Rois
de Syrie, & dans le fonds, des Cafcades
& des Ruiffeaux.

SCENE PREMIERE.

MANTO, & ISMENE
fortant d'un nuage.

MANTO.

Ismene, c'eſt icy qu'il faut nous arrêter.
C'eſt icy que je vais te faire confidence
Du ſujet qui m'a fait quitter
Les lieux ſoumis à mon obeïſſance.
C'eſt le fatal Amour, c'eſt la lâche inconſtance
D'un Ingrat qui briſe ſes fers;
Et ſi je viens de traverſer les airs,
C'eſt que je vole à la vengeance.

MANTO,
ISMENE.

Licarcis vous trahit ! & quel est son dessein ?
Peut-il trouver ailleurs une chaîne si belle ?

MANTO.

Il brûle icy d'une flâme nouvelle.
Tu sçais qu'il me quitta sous le prétexte vain
De secourir le Prince de Syrie,
A qui le sang le lie,
Et qu'avoit attaqué le superbe Affriquain ?

ISMENE.

Je sçais de plus les soins qu'une si chere vie
Vous fit prendre avant son départ . . . . . .

MANTO.

Moy-même je l'armay du pouvoir de mon Art.
Et c'est pour me payer de cet amour extrême,
Que l'Inconstant se flate, qu'en ces lieux
Un hymen odieux
Peut l'élever à la grandeur suprême.
Mais il n'est pas encor au comble de ses vœux.
Manto sçait comme il faut se venger d'un Perfide
Qui peut trahir de si beaux feux.

ISMENE.

Ecoutez moins le transport qui vous guide.
Un cœur de jalousie, & d'amour agité,
Ne songe qu'à se satisfaire ;
Mais un tendre retour vers l'Objet qui sçût plaire,
Fait souvent repentir d'avoir trop écoûté
Les premiers mouvements d'une aveugle colere.

MANTO.

Ne crain point vers l'Ingrat un indigne retour.
Je ne viens point icy pour rallumer sa flâme,
   Un autre soin occupe seul mon ame,
   Et dans mon cœur l'emporte sur l'amour.

   Un cœur trahy par ce qu'il aime,
   Doit au plûtôt se dégager ;
   Et c'est une douceur extrème,
   Que le plaisir de pouvoir se venger.

Je sçais que Ziriane a surpris la tendresse
   De l'Ingrat qui m'ose outrager,
Et c'est sur cet Objet qui le force à changer,
   Que doit tomber le couroux qui me presse.

ISMENE.

Mais, sçavez-vous s'il s'en est fait aimer,
Pour la traiter en Rivale inhumaine.

MANTO.

   N'importe, elle a sçû le charmer,
C'en est assez, pour meriter ma haine.

Mais elle vient, Ismene, éloignons-nous.
Pendant quelques moments suspendons mon couroux.
   Ce n'est qu'aux yeux de l'Ingrat qui m'offense
Que je veux faire éclater ma vengeance.
Elles se retirent.

SCENE DEUXIEME.

ZIRIANE.

NE coulez plus, charmants Ruisseaux,
Suspendez vôtre doux murmure.

Ne chantez plus, petits Oyseaux,
Soyez touchez des peines que j'endure.

Dans le triste etat où je suis,
Tout ce qui charme en vous, redouble mes ennuis ;
Et rien dans cette solitude
N'adoucit mon inquietude.

Ne coulez plus, charmants Ruisseaux,
Suspendez vôtre doux murmure.

Ne chantez plus, petits Oyseaux,
Soyez touchez des peines que j'endure.

Amour, es-tu content du trouble où tu me vois?
Dieu cruel! n'as-tu point pitié de ma foiblesse!
C'est icy que mon cœur fût soumis à tes loix.
Lorsque l'aimable Iphis, qui l'occupe sans cesse,
Se fit voir à mes yeux pour la premiere fois.

Moment

Moment fatal ! ah ! fors de ma memoire.
O Ciel ! qui pourra croire
Que mon cœur fi-tôt prévenu
En faveur de cet Inconnu,
M'ait pû faire oublier tout le foin de ma gloire !

Mais je le vois ; que je crains pour mon cœur !
Malheureufe Princeffe,
Cache du moins aux yeux de ton Vainqueur,
Ton trouble & ta tendreffe.

SCENE TROISIEME.

ZIRIANE, & IPHIS.

IPHIS.

Vos ennemis sont vaincus,
　Belle Princesse, icy tout est tranquile,
Et rien ne m'y retient plus,
Puisque mon bras vous devient inutile.....

ZIRIANE.

Aprés tant d'exploits généreux,
De cette Cour, Seigneur, allez vous disparoître,
　Lorsque les Plaisirs & les Jeux,
　Avec la paix y vont renaître?

IPHIS.

L'Amour par vos beaux yeux range tout sous sa loy;
Tout doit aimer dans les lieux où vous êtes;
Les plaisirs dont la guerre avoit causé l'effroy,
Volent de toutes parts dans ces belles retraites.
　Mais helas! ce n'est pas pour moy
　Que leurs douceurs sont faites.

ZIRIANE.

　Je sçais qu'un Heros comme vous
Ne peut être jamais sensible qu'à la gloire;
Et que sans cesse il fait ses plaisirs les plus doux
De voler chaque jour de victoire en victoire.

IPHIS.

Joüissez, des plaisirs qui vous sont reservez.
Vôtre hymen......

ZIRIANE surprise

Mon hymen ! ah ! Seigneur, achevez ?

IPHIS.

Déja la pompe s'en prépare,
Licarcis est choisi pour vôtre heureux Epoux ;
Et le Roy vôtre Pere, au Peuple le déclare :
Que son bonheur va faire de jaloux !

ZIRIANE

à part.
Helas !

IPHIS.

Qui peut causer un si triste silence,
Quand tout semble flater vos vœux ?

ZIRIANE.

Les cœurs qu'on croit les plus heureux
Le sont souvent moins qu'on ne pense.
Iphis, helas ! que vôtre sort est doux !
Vous goutez un repos paisible :
La seule gloire a des charmes pour vous,
Iphis, helas ! que vôtre sort est doux !

MANTO,
IPHIS.

Non, mon cœur n'est point insensible.

ZIRIANE.

Vous aimez ?

IPHIS.

Ah ! que c'est un tourment rigoureux
D'aimer, & de n'oser le dire
A l'Objet pour qui l'on soupire.

Inconnu, sans Patrie, errant, & malheureux,
Quel sort au mien est comparable !
J'ignore jusqu'aux lieux, où j'ay reçû le jour !
C'est un secret pour moy toûjours impénétrable,
En ce funeste état, Princesse trop aimable,
Oserois-je avoüer un téméraire amour ! . . . .
Mais je vois Licarcis, & le Peuple s'avance,
Tout répond en ces lieux, à son impatience.

Il sort.

On entend une Symphonie qui annonce l'arrivée
de LICARCIS, & du Peuple qui le suit.

SCENE QUATRIE'ME.

ZIRIANE, LICARCIS,

Et le Peuple.

LICARCIS à la PRINCESSE.

L'Excés de mon bonheur se peut-il concevoir !
Je touche, adorable Princesse,
Au moment fortuné qui comble mon espoir,
Et qui couronne ma tendresse.
L'excés de mon bonheur se peut-il concevoir !

Mais, si malgré le beau feu qui m'enflâme,
Mes tendres soins n'ont pû toucher vôtre ame,
Ah ! dût-il m'en coûter le jour
Je ne prétend devoir mon bonheur qu'à l'amour.

LE CHOEUR.

Aimez, Princesse charmante,
Un Heros qui brûle pour vous.
Sa valeur triomphante,
A fait tomber nos ennemis jaloux
Sous l'effort de ses coups.

Aimez, Princesse charmante,
Un Heros qui brûle pour vous.

On danse.

UN SYRIEN.

Il faut que tout aime,
Rien n'est si doux ;
Le Dieu d'Amour même,
Aima comme nous.

Les cœurs des plus Sages,
Et des plus Sauvages,
S'enflâment à leur tour,
Quand il plaît à l'Amour.

Il faut que tout aime,
Rien n'est si doux ;
Le Dieu d'Amour même,
Aima comme nous.   L'on danse.

UNE SYRIENNE.

Que l'Amour vole, & nous ramene
La Paix, les Jeux, & les Plaisirs.

Qu'il regne au gré de ses desirs :
Trop heureux qui porte sa chaine.

Que l'Amour vole, & nous ramene
La Paix, les Jeux, & les Plaisirs.

L'on danse.

SCENE CINQUIE'ME.

Le Théatre tout à coup s'obfcurcit, les Vents grondent, & plufieurs nuages defcendent, conduits par des Efprits Aëriens, qui environnent ZIRIANE, dans le tems que LICARCIS veut la conduire au Palais du Roy fon Pere.

MANTO, ISMENE,

Et les Acteurs de la Scene précedente.

MANTO à LICARCIS.

ARrête, Licarcis, arrête,
Tu n'es pas fûr encor de ta conquefte,
Tu te flates d'un vain efpoir :
En trahiffant Manto, je vais te faire voir,
Infidele, à quoy tu t'expofes :
Ma Rivale eft en mon pouvoir,
Vien l'en retirer fi tu l'ofes ?

MANTO entre dans le nuage, où eft déja ZIRIANE, & il fe perd fur le ceintre.

LE CHOEUR fuyant.

O Ciel ! ô jufte Ciel ! daignez-nous fecourir !

SCENE SIXIE'ME.

LICARCIS.

UNe Cruelle, ô Dieux ! m'enleve la Princeſſe !
    Et vous avez pû le ſouffrir !
Dans l'ardeur de regner, qui m'occupe ſans ceſſe,
Non ce n'eſt plus à vous que je veux recourir,
Sans Ziriane, helas ! je perds le rang ſuprême,
Et je ne dois ſonger dans ce malheur extrême,
    Qu'à la délivrer, ou périr.

FIN DU PREMIER ACTE.

ACTE II.

ACTE SECOND.

Le Théatre repréſente une Iſle deſerte,
& la Mer dans le fond.

SCENE PREMIÉRE.

MERLIN, & IPHIS, ſortant du corps d'un
Monſtre Marin.

MERLIN.

C'Eſt icy de Manto le ſéjour redouté,
    Où nul Mortel n'oſe paroître,
    Sans s'expoſer à s'y voir arreſté
Dans un charme fatal que l'on ne peut
    connoître.
    La Fée au deſeſpoir de la perte d'un fils,
Qu'on luy ravit le jour de ſa naiſſance,
Enleva cent beautez qui ſont en ſa puiſſance,
Et dont pluſieurs Guerriers, de leurs charmes épris,
Ont déja vainement tenté la délivrance.....

                                                D

I P H I S,   avec précipitation.

Dieux! si sur ma Princesse, elle étend sa vengeance,
Ah! plûtôt que de le souffrir,
Aux plus affreux dangers on me verra courir.
                M E R L I N.
Non, tu ne dois icy t'armer que de prudence,
        Tout autre effort seroit en vain tenté,
        Prend cet Anneau,* dont le charme infaillible,
        Quand tu voudras te rendant invisible,
            Te fera revoir la Beauté,
            Dont ton cœur paroît enchanté.
                I P H I S.
Que ne vous dois-je point de ma reconnoissance!
        Attendez de justes effets.
                M E R L I N.
        Chargé du soin d'élever ton enfance,
Je veux te rendre heureux par de nouveaux bienfaits.
                I P H I S.
        Si de mon sang vous avez connoissance,
Apprenez-moy mon sort?
                M E R L I N.
                    Il n'est pas encore temps,
Mais tu sçauras bien-tôt ces secrets importants.

        Aprés avoir assuré sa memoire,
        Et s'estre fait un destin éclatant;
C'est en vain qu'un Heros se voit couvert de gloire,
        Si l'amour ne le rend content.

* Il luy
donne un
Anneau
enchanté.

Je serviray tes feux auprés de ta Princesse,
Tu peux comter toüjours
Sur Merlin & sur son secours.
Manto peut nous surprendre, il faut que je te laisse.

Il sort.

SCENE DEUXIE'ME.

IPHIS.

JE vous reverray donc, cher Objet de mes vœux !
Quel bonheur ! quels transports ! pour mon cœur
amoureux !

Ah ! qu'un doux espoir nous enchante,
Quand il vient flater nos desirs !
Déja mon ame impatiente,
Goûte en secret mille plaisirs.

Amour, rend la Beauté que j'aime
Sensible à ma fidelle ardeur,
Apprend-luy mon amour extrême,
Enflâme s'il se peut son cœur.
Vole Amour, remply mon attente,
Porte-luy mes tendres soûpirs.
Ah ! qu'un doux espoir nous enchante,
Quand il vient flater nos desirs !

Appercevant Manto.

Mais, n'est-ce point Manto qu'icy je vois paroître ?

D ij

SCENE TROISIE'ME.

MANTO, IPHIS.

MANTO, aprés avoir obfervé IPHIS.

Que cherchez-vous icy, Mortel audacieux ?
Et quel deftin fatal vous conduit en ces lieux ?

IPHIS.

à part.

Feignons, & s'il fe peut, tâchons de la connoître.

à MANTO.

Vous voyez belle Nymphe, un Amant malheureux
Que les Dieux ont fait naître,
Pour fervir d'exemple fameux,
De leur rigueur extrême.
Par un enchantement affreux,
J'ay perdu la Beauté que j'aime,
Et je viens dans ce féjour,
Apprendre quel fera le fort de mon amour.
Mais pour trouver la Fée, à qui tout eft facile,
De quel côté dois-je porter mes pas?

MANTO, d'un air radoucy.

à part.

D'où vient qu'en le voyant, mon cœur n'eft point
tranquille !

à IPHIS.

Je veux vous épargner une peine inutile,
C'eft moy, je ne me cache pas.

IPHIS.

Vous, Manto ! que je cherche avec impatience !
Ah ! mon bonheur passeroit mon espoir.

MANTO.

Si vous doutez de sa presence,
Au moins connoissez sa puissance,
Par tout ce que vous allez voir.

SCENE QUATRIE'ME.

Tout à coup le Théatre change, & represente une Isle galante, où l'on voit dans l'enfoncement le Palais de Manto. Et des Esprits aëriens y viennent sous la forme de Bergers galants & de Bergeres, en dansant & en chantant.

DEUX BERGERES.

NOus goûtons dans ces retraites
Les plaisirs les plus charmants.

LE CHOEUR.

Nous goûtons dans ces retraites
Les plaisirs les plus charmants.

DEUX BERGERES.

Mais leurs douceurs ne font faites,
Que pour les tendres Amants.

LE CHOEUR.

Mais leurs douceurs ne font faites,
Que pour les tendres Amants.

On danse.

MANTO,
UN BERGER.

Tandis que de nos Muzettes,
Par d'aimables Chanſonnettes,
Nous reveillons les Echos :
Sans que rien nous inquiette,
L'Amour garde nos Troupeaux,
Qui paiſſent la tendre herbette
Sur les bords de ces ruiſſeaux.

L'on danſe.

UNE AUTRE BERGERE.

Les oyſeaux de ces boccages,
Ny reſpirent que l'amour.
Et ſous ces charmants ombrages,
On les entend nuit & jour,
Nous dire dans leur ramage,
Que c'eſt un doux eſclavage,
Quand on eſt ſur du retour.

On danſe.

LE CHOEUR.

Dans cette Iſle charmante,
D'un calme heureux nous goûtons le repos,
L'Amour y prévient nôtre attente,
Les zephirs ſeuls y regnent ſur les flots,
Et les oyſeaux ſur ce rivage,
Nous enchantent de leur ramage.

MANTO, aux Bergers.

Conduiſez-le dans mon Palais.

à IPHIS.

Par les ſoins que je vais prendre,
Bien-tôt vous pourrez apprendre
Que mes bienfaits,
Iront plus loin que vos ſouhaits.

SCENE CINQUIÉME.

MANTO, & ISMENE.

ISMENE.

QUoy ! pour cet Inconnu vôtre cœur s'intereſſe ?

MANTO.

Je ne veux point te cacher ma foibleſſe,
        Iſmene, elle va t'étonner.
Par un ſecret penchant je me ſens entraîner
        Vers cet Etranger trop aimable ;
        Et pour luy je crains qu'en ce jour,
    Mon cœur frapé d'un trait inévitable,
        Ne paſſe encor juſqu'à l'amour.

ISMENE.

He ! quand vous l'aimeriez, ſeriez-vous ſi coupable ?
Licarcis a changé, changez à vôtre tour.

        Quand on aime un volage,
        Si-tôt qu'il ſe dégage,
        Il faut changer comme luy :

        En faire voir trop d'ennuy,
    C'eſt faire honneur à qui nous fait outrage,

        Quand on aime un volage,
        Si-tôt qu'il ſe dégage,
        Il faut changer comme luy.

M A N T O appercevant LICARCIS.

J'aperçois Licarcis, ah ! s'il se peut, Ismene,
Prend soin de l'arrester,
Dans le trouble où je suis, je me connois à peine,
Et je veux l'éviter.

Elle sort.

SCENE SIXIÉME.

LICARCIS & ISMENE.

LICARCIS, à MANTO qui fuit.

Arrêtez, arrêtez un moment Inhumaine,
Joüissez du plaisir de voir
Un malheureux Amant reduit au desespoir.
ISMENE l'arrêtant.
Quittez, quittez une poursuite vaine,
Manto, ne veut plus vous revoir :
Quelle est vôtre esperance ?
Pourriez-vous bien encor soûtenir sa presence,
Aprés vôtre infidelité ?
LICARCIS suivant MANTO.
Qu'ay-je à craindre de sa vengeance,
Quand la Cruelle, helas ! m'a tout ôté.

FIN DU SECOND ACTE.

ACTE III.

ACTE TROISIE'ME.

Le Théatre repréfente les Jardins de Manto.

SCENE PREMIERE.

ZIRIANE, & LICARCIS.

LICARCIS, à ZIRIANE qui le veut éviter.

EN vain vous me fuyez, Cruelle,
   Malgré tous vos mépris,
   Rien n'eteindra jamais l'ardeur tendre &
fidele
   Dont pour vous mon cœur eſt épris.

ZIRIANE.

Reprenez, reprenez vôtre premiere chaîne,
   Dont la douceur avoit ſçû vous charmer.
   Mon cœur ne veut point s'enflâmer:
   Quittez une eſperance vaine,
   Et que la raiſon vous ramene
   Au ſeul Objet que vous devez aimer.

Reprenez, reprenez vôtre premiere chaîne.

E

MANTO,

LICARCIS.

Si j'ay brisé mes premiers nœuds,
Et si mon cœur brûle de nouveaux feux,
C'est à vos yeux qu'il s'en faut prendre.

Par leurs regards enchanteurs,
Ils enlevent tous les cœurs :
Comment le mien, trop sensible & trop tendre,
Pouvoit-il s'en défendre.
Si j'ay brisé mes premiers nœuds,
Et si mon cœur brûle de nouveaux feux,
C'est à vos yeux qu'il s'en faut prendre.

ZIRIANE paroît inquiete.

Vous voulez me quitter? vous souffrez à m'entendre?
Et brûlez de revoir mon trop heureux Rival?

ZIRIANE surprise.

Qu'entens-je! & que m'osez-vous dire?

LICARCIS.

Son témeraire amour luy deviendra fatal,
S'il ose encore prétendre au bonheur où j'aspire.
Non, ce n'est que pour moy
Que votre cœur est inflexible.

Depuis long-temps je m'apperçoy
Qu'un odieux Rival vous a rendu sensible.

Non, ce n'est que pour moy
Que votre cœur est inflexible.

ZIRIANE.

Quel est donc cet Amant ?

LICARCIS.

Vous croyez vainement
Cacher vôtre foiblesse.
Iphis ! un Inconnu ! trop ingratte Princesse,
Ose brûler pour vous ?
Je l'ay surpris tantôt à vos genoux ;
Luy seul de vôtre cœur a toute la tendresse :
Et le sien enchanté par un plaisir si doux,
Ne connoît point de péril qui l'étonne.

ZIRIANE, avec mépris.

A vos soupçons, à vos transports jaloux,
Vous meritez que l'on vous abandonne.

LICARCIS.

Ah ! c'est trop, Inhumaine, allumer mon couroux
Contre un Rival qui sçait vous plaire ;
Rien ne peut desormais le sauver de mes coups,
Et je vais l'immoler à ma juste colere.

Il sort avec précipitation.

SCENE DEUXIE'ME.

ZIRIANE.

VA, ta fureur n'est point ce qui doit m'allarner.
C'est la seule inconstance
De l'Ingrat qui sçût me charmer,
Malgré toute ma resistance.
Helas! quelle étoit mon erreur!
J'ay crû qu'il me cherchoit dans cette Isle fatale.
Et mon crédule cœur
A pû souffrir l'aveu de sa trompeuse ardeur,
Lorsqu'il venoit chercher ma secrette Rivale.

SCENE TROISIE'ME.

ZIRIANE, & IPHIS.

IPHIS.

BElle Princesse, enfin je puis voir vos appas,
Et mon amour.....

ZIRIANE.

Non, vous ne m'aimez pas?
Cessez de vous contraindre,
Pourquoy voulez-vous feindre
Ce que vous ne ressentez pas?
Non, vous ne m'aimez pas?

I P H I S étonné.

O Ciel ! que dites-vous ? d'où naissent vos allarmes ?
Trop aimable Princesse, avec tant de beauté,
Helas ! quand vous doutez de ma fidelité,
Avez-vous oublié le pouvoir de vos charmes ?

Z I R I A N E.

Non, non, je sçais le secret de vos feux,
Manto n'en fait point un mistere.
C'étoit donc-là l'Objet
De vôtre amour secret,
Et pour qui vous quittiez la cour du Roy mon Pere ?

I P H I S.

Que vous expliquez mal le secret de mon cœur !

Quand je brûlois pour vous de la plus vive ardeur,
Et qu'un respect cruel tiranisoit ma flâme,
Je flatois quelquefois mes vœux audacieux,
Qu'au moins vous lisiez dans mes yeux
Le secret de mon ame.

Z I R I A N E, avec dépit.

Quand la Fée en couroux,
Pour se vanger d'un Infidele,
Se déclare pour vous ;
Profitez mieux d'un mouvement si doux,
Et d'une conqueste si belle,
Que vous devez à son dépit jaloux.

Elle feint de s'en aller.

IPHIS.

He bien! Cruelle, il faut vous satisfaire,
Mon témeraire amour a trop sçû vous déplaire:
Vous voulez ma mort & j'y cours.

ZIRIANE, revenant avec précipitation.

Arrêtez, arrêtez, que prétendez-vous faire ?

IPHIS.

Chercher la Fée, irriter sa colere,
C'est dans mon desespoir mon unique recours.

ZIRIANE.

Helas !

IPHIS.

Vous soupirez ! craignez-vous pour les jours
D'un Malheureux qui vous offense,
Et qui veut cependant vous offenser toujours,
Si c'est un crime, helas ! d'aimer sans esperance.

ZIRIANE.

Vivez, & laissez-moy le soin de ma vengeance.

IPHIS.

Pouvez-vous me livrer à l'affreux desespoir
De vivre, & de ne plus vous voir !
Non, j'aime mieux mourir, Cruelle,
Et vous prouver en expirant,
Que si mon sort n'étoit pas éclatant,
Mon cœur du moins, étoit tendre & fidele,
Et qu'un cœur n'aima jamais tant.

Z I R I A N E.

C'en est trop, cher Iphis, & ma fierté me laisse ;
J'ay voulu, mais en vain, vous cacher ma foiblesse.

IPHIS se jettant aux genoux de Z I R I A N E.

Ay-je bien entendu !... Belle Princesse, helas !
   M'est-il permis d'adorer vos appas ?
Puis-je aspirer sans crime, à ce bonheur suprême ?

Z I R I A N E le relevant.

Je n'aimeray jamais que vous,
   Mon sort sera trop doux,
   Si vous m'aimez de même.

E N S E M B L E.

Ne songeons plus qu'à goûter les attraits
   Du doux penchant qui nous entraîne.
Vole, Amour, soy témoin du serment que je fais,
   De porter à jamais,
   Une si belle chaîne.

Z I R I A N E appercevant Manto.

La Fée avance vers ces lieux,
Evitons, cher Iphis de paroître à ses yeux.

I P H I S.

Ne craignez point sa violence,
   Merlin s'interesse en nos jours :
C'est luy qui prit le soin d'élever mon enfance,
   Et nous pouvons comter sur son secours.

Ils sortent.

SCENE QUATRIE'ME.
MANTO.

*M*On cœur helas ! où vas-tu t'engager !
    Peux-tu si-tôt songer
   A prendre une nouvelle chaîne ?
Dans de nouveaux malheurs l'Amour va se plonger,
   Tu te repais d'une esperance vaine,
   Mon cœur helas ! où vas-tu t'engager !

Mais vers cet Etranger, que je connois à peine,
Quels mouvements secrets m'emportent malgré moy !
Je sçais qu'un autre Objet la rangé sous sa loy,
   Ils s'aiment, j'en suis trop certaine,
   Et rien ne peut me dégager,
   Du nouveau penchant qui m'entraîne !
   Mon cœur helas ! où vas-tu t'engager !

SCENE V.

SCENE CINQUIÉME.

MANTO, LICARCIS.

QVel espoir, Licarcis, dans ces lieux vous ramene?

LICARCIS.

J'y cherche mon Rival, pour luy ravir le jour,
    C'est le seul desir qui me presse.
Envain vous luy donnez azile en vôtre Cour.....

MANTO suprise.

Et quel est ce Rival pour qui je m'interesse?

LICARCIS.

    Je sçais qu'Iphis a suivy la Princesse,
      Jusques dans ce sejour,
Et vous ne sçauriez plus me cacher leur tendresse.

MANTO.

à part.   à LICARCIS.

O Ciel!...que dites-vous? quoy ce jeune Etranger
    Que j'ay trouvé sur ce rivage,
Et que son malheur seul m'oblige à proteger,
    Aime l'Objet qui vous engage?

MANTO,

LICARCIS.

Quand vous m'avez ôté cet Objet de mes vœux
C'étoit moins pour punir l'offense
Que vous a fait mon inconstance,
Que pour favoriser cet Amant trop heureux.

MANTO.

Moy ! je seconde icy l'ardeur qu'il a fait naître ! …
Vôtre Princesse vient, & vous allez, connoître
Si je pretend servir leurs feux.

SCENE SIXIEME.

MANTO, ZIRIANE, LICARCIS.

MANTO, à ZIRIANE.

J'Ay reconnu mon injustice extrême,
Je ne m'oppose plus à vos tendres desirs,
Je vous rends, Ziriane, au Prince qui vous aime,
Retournez dés ce moment même,
Aux lieux où malgré moy, j'ay troublé vos plaisirs.

Et vous Esprits soûmis à mon obeissance,
Pour les y transporter, changez-vous en Zephirs,
Et faites voir encor jusqu'où va ma puissance.

ZIRIANE, à part.

O ! Toy qui nous protege, écoûte mes soûpirs !

MANTO impatiente de voir que les Esprits qu'elle a
appellé ne paroissent point.

Vous ne paroissez point ! qui peut m'être contraire ?
Quoy donc sur vous n'ay-je plus de pouvoir ?
Vôtre lenteur me desespere,
Accourez, hâtez-vous de remplir mon espoir.

F ij

MANTO,

LICARCIS & MANTO.

Vôtre lenteur me defespere,
Accourez, hâtez-vous de remplir mon espoir.

Les Esprits appellez par MANTO, sous la figure
de ZEPHIRS, viennent sous des figures
hideuses, & lentement.

MANTO en colere.

Est-ce ainsi, quand je vous appelle,
Que vous me montrez vôtre Zele ?

CHOEUR des Esprits.

Nous avons entendu ta voix,
Mais envain....

MANTO avec empressement.

Achevez ?.. Ciel ! qu'est-ce que je vois ?

CHOEUR des Esprits.

Une secrete puissance,
Dont nous sentons la violence,
Nous défend de suivre tes loix.

MANTO en fureur.

Mes esperances seroient vaines !
Non, non. Vents soûterains, brisez, brisez vos
chaînes,
Venez, venez me secourir,
C'est à vous seuls que je veux recourir.

MANTO & LICARCIS.

Vents soûterains, brisez, brisez vos chaînes,
Venez, venez nous secourir.

Les Vents soûterains sortent de la terre par tourbillons,
& forment une espece de danse pour s'exciter.

Un moment aprés, l'air s'obscurcit, il tonne, & éclaire,
& les Vents aëriens viennent fondre, par le pouvoir
de Merlin, sur les Vents soûterains, & il se forme
une espece de Lutte, & de Combat entr'eux.

MANTO, lorsque l'air s'obscurcit.

Quel bruit ?... & quel desordre horrible ?...
L'Onde s'agite... & les Tyrans des airs
Descendent dans ces lieux avec un bruit terrible ;...
On ne voit plus qu'à travers les éclairs.

MANTO & LICARCIS,
pendant le combat des Vents.

Combattez, resistez, remportez la victoire,
Ne souffrez pas qu'on nous ose outrager,
Il y va de vôtre gloire,
Il faut vaincre & nous venger.

Le Chœur des Esprits repete ces quatre Ver[s], avec
MANTO, & LICARCIS, pendant le combat
des Vents.

LICARCIS voyant que les Vents soûterains fuyent,
veut aller à leur secours, & les Vents aëriens
l'enmenent.

M A N T O *outrée de colere.*

Dieux! quelle puissance fatale,
Vient me braver jusqu'en ces lieux!
à ZIRIANE.
Sur quelque objet que je porte les yeux,
Seras-tu toûjours ma Rivale?
à sa Suite.
Ah! ç'en est trop. Secondez ma fureur,
Et faisons que sa peine égale
Le trouble & les tourments qu'elle cause à mon cœur.

FIN DU TROISIE'ME ACTE.

ACTE QUATRIEME.

Le Théatre repréfente un lieu obfcure
& foûterain, avec une lampe fufpenduë
au milieu pour l'éclairer.

SCENE PREMIERE.
ZIRIANE.

S Ejour affreux , dont le filence ,
Infpire une fecrete horreur,
Envain vous fecondez une injufte fureur,
Vous ne fçauriez ébranler ma conftance
Pour le Heros charmant qui regne dans mon cœur.

Un tendre cœur qu'on veut contraindre
A trahir l'objet de fes vœux,
Sent redoubler fes feux.
Plus on veut les éteindre,
Et n'en eft que plus amoureux.

Séjour affreux , &c.

※※※※※※※※※※※※※※※※※※※※

SCENE DEUXIÉME.

Tout à coup l'Antre s'éclaircit, & devient une
Chambre magnifique.

ZIRIANE surprife.

Mais quelle furprife agréable !
Qui peut avoir changé cét Antre épouventable,
En un féjour delicieux ?

Tandis que ZIRIANE admire la magnificence de la
Chambre où elle eft, on entend une douce
Symphonie.

Qu'entens-je ?.. quels concerts ?.. quels fons harmo-
nieux ?

LE CHOEUR.

C'eft ainfi qu' Amour recompenfe
Et la tendreffe & la conftance.

Les Amours, les Graces, les Jeux, & les Plaifirs forment
une Fefte galante pour divertir ZIRIANE qui eft
affife fous un Pavillon magnifique.

UNE DES GRACES.

Eft-il un plaifir plus charmant,
Que d'eftre aimé de ce qu'on aime.
Mais il faut aimer conftamment,
Si l'on veut eftre aimé de même.
Eft-il un plaifir plus charmant,
Que d'eftre aimé de ce qu'on aime.

Aprés

Aprés que les Amours ont dansé.

UNE AUTRE GRACE.

Regnez, trop aimables Vainqueurs,
Amours, enchaînez tous les cœurs.
Le calme de l'indifference,
N'est un bonheur qu'en apparence,
Vous seuls avez droit de charmer :
Et le plaisir de bien aimer,
A plus d'attraits que l'on ne pense.
Regnez, trop aimables Vainqueurs,
Amours, enchaînez tous les cœurs.

On danse.

LE CHŒUR.

Rendez, heureux les cœurs fidelles,
Amours triomphez à jamais,
Et gardez, les rigueurs des belles,
Pour ceux qui méprisent vos traits.

G

SCENE TROISIE'ME.

ZIRIANE, IPHIS, & les Acteurs de la Scene précedente.

ZIRIANE surprise de voir IPHIS.

Que vois-je ! ô Ciel ! que mes yeux sont surpris.
Est-ce vous cher Iphis ?

IPHIS.

C'est moy, n'en doutez point, ma charmante Princesse.

ZIRIANE.

Dans le peril où je vous voy,
Que vous allarmez ma tendresse !
Non, je ne tremble pas pour moy,
Vos jours pour qui je m'interesse,
Causent icy tout mon effroy.
Dans le peril où je vous voy,
Que vous allarmez ma tendresse !

IPHIS.

Ne craignez rien, je viens vous secourir.

ZIRIANE.

Ah ! vous venez perir !

IPHIS.

Je viens vous délivrer d'un affreux esclavage.
Merlin s'employe en ma faveur,
C'est luy qui m'a conduit dans cet Antre sauvage,
Et qui vient à vos yeux d'en dissiper l'horreur.

Mais cet Anneau qui peut rendre invisible,*
Si-tôt qu'on l'enferme en sa main,
Sçaura vous ouvrir le chemin,
Pour sortir de ce lieu terrible.

* Il luy dóne l'Anneau enchanté que MERLIN luy a donné.

ZIRIANE.

Moy, vous abandonner! vous m'en pressez en vain.

Quand l'amour est extrême,
Est-il quelque danger
Que l'on ne doive partager
Avec ce que l'on aime,
Quand l'amour est extrême.

ENSEMBLE.

Je ne crains que pour vous.
Epargnez à mon cœur le trouble qui l'agite.
Evitez de Manto le funeste courroux,
Fuyez, c'est mon amour qui vous en sollicite,
Je ne crains que pour vous.

❀❀❀❀❀❀❀❀❀❀❀❀❀❀❀❀❀❀❀❀❀❀❀❀

SCENE QUATRIE'ME.

M A N T O paroît tout à coup précedée de plusieurs
Geoliers, qui portent des flambeaux, des clefs
& des chaines. Aussi-tôt la Chambre galante
disparoît, & l'Antre redevient comme aupara-
vant.

M A N T O étonnée.

POursuivez, poursuivez, vous n'avez rien à
    craindre,
    Je ne pretends pas vous contraindre,
    Ny troubler des moments si doux.....
à IPHIS.
Vous vous taisez !.... Mais toy ? qui t'a fait un passage
    Jusques dans ce triste sejour ?
Parle ?

I P H I S.

Il n'est rien d'impossible â l'amour.

M A N T O en fureur, & à part.

C'est peu de me braver ! le Cruel ! il m'outrage !
    Ah ! ç'en est trop, je n'y puis resister.
Que ma Rivale éprouve enfin quelle est ma rage,
    Non, rien ne doit plus m'arrêter.

Elle veut fraper ZIRIANE d'un poignard.

Meurs ! . . . .

IPHIS *arrêtant le bras de* MANTO.

Qu'allez-vous faire, Inhumaine ?
Pour assouvir vôtre fureur,
Et calmer vôtre injuste haine,
Si vous voulez du sang, frapez, frapez mon cœur.
C'est mon cœur seul qui vous offense,
C'est sur luy seul que doit tomber vôtre vengeance.

ZIRIANE & IPHIS.

C'est mon cœur seul qui vous offense,
C'est sur luy seul que doit tomber vôtre vengeance.

MANTO.

C'en est trop ! Taisez-vous ?

à ZIRIANE.

Tu n'échaperas plus à mon juste courroux.

aux Geoliers.

Qu'on l'a saisisse, & qu'on l'enchaîne.

ZIRIANE *reculant deux pas.*

Si je voulois braver ta haine,
Cruelle, malgré toy
Je sçaurois bien la rendre vaine ;
Mais je ne la crains pas pour moy ?
Cher Iphis, recevez ce gage de ma foy. *

MANTO *aprés avoir examiné l'Anneau.*

Que vois-je ! ô Ciel ! est-il possible !
C'est mon Anneau, qui peut rendre invisible.

à ZIRIANE.

Cet Anneau fatal me fut pris,
Le jour qu'on m'enleva mon Fils ?

* Elle pré-
sente l'An-
neau en-
chanté, à
IPHIS, &
MANTO le
luy arra-
che.

MANTO,

De son sort as-tu connoissance ?
Sçais-tu qui sont mes ennemis ? . . .
Quoy ! tu ne réponds rien ! . . . tu gardes le silence ! . . .
Ne croi pas échaper à mes ressentiments.

aux Geoliers.

Qu'on la livre à l'instant , aux rigoureux tourments
Destinez aux objets de ma juste vengeance.

IPHIS aux Geoliers qui enmennent ZIRIANE.

Arrêtez ? Arrêtez ?

MANTO, aux Geoliers.

Faites sans differer
Ce que je vous ordonne ?

On enmenne ZIRIANE.

IPHIS à MANTO.

Et moy je tenteray tout pour la délivrer ,
Vos noirs enchantements n'auront rien qui m'étonne ,
Inhumaine , venez , venez-vous enyvrer
Du barbare plaisir de me voir expirer.

Il sort.

SCENE CINQUIEME.

MANTO.

EMpeschons qu'à la mort , le Cruel ne se livre ,
S'il perissoit , que deviendrois-je , helas !
Puisque je ne pourrois le suivre.
Dans ce peril ne l'abandonnons pas ,
Et courons malgré luy , l'arracher au trépas.

FIN DU QUATRIE'ME ACTE.

ACTE CINQUIEME.

Le Théatre repréfente fur le devant un Arc de triomphe orné de trophées, & des Statuës des Heros qui ont vainement combattu pour rompre l'enchantement du Château enchanté, qui paroît dans le fond, & dont un Dragon défend l'entrée.

SCENE PREMIERE.

MANTO, ISMENE.

ISMENE à MANTO, qui regarde de tous côtez
avec agitation.

Uel nouveau trouble vous agite,
Par tout où vous portez vos pas?
Vous foupirez! vous êtes interdite!
N'aimerez-vous jamais que des
Ingrats?

MANTO en foupirant.

Ifmene, ç'en eft fait, helas!
Iphis, l'ingrat Iphis m'évite,
Pour courir au trepas.

 M A N T O,

Dans un mortel danger l'Amour le précipite,
Et Licarcis, qui vient d'espirer à ses yeux
En voulant arracher la Beauté qui m'outrage,
Au charme affreux qui l'arrête en ces lieux,
Loin de l'intimider, irrite son courage.

 Ismene, ç'en est fait, helas !
 Iphis, l'ingrat Iphis m'évite,
 Pour courir au trépas.
  I S M E N E.
Il le faut oublier, tout vous en sollicite.

 Songez, pour vous guerir
 D'une tendresse fatale,
 Que c'est pour vôtre Rivale
 Que l'Ingrat veut périr.
  M A N T O.
He ! l'en perdray-je moins Ismene !
Tu sçais le penchant qui m'entraîne
Vers cet Inconnu, malgré moy :
Ce n'est point l'amour seul qui m'en fait une loy :
Ce qui se passe dans mon ame
Est plus fort mille fois qu'une amoureuse flâme :
Et si je retrouvois mon Fils,
Il ne pourroit jamais m'être plus cher qu'Iphis.

 Ismene, si je te suis chere,
 Cours chercher cet Ingrat :
 Détourne ce fatal combat,
 Ou fais au moins qu'il se differe.

ISMENE sort.
SCENE II.

SCENE DEUXIE'ME.
MANTO.

Q Vel est le trouble où je me voy !
Et pour cet Inconnu, d'où me vient tant d'effroy ?
Quel interest ay - je à sa vie ?
Abandonnons des jours que l'Ingrat sacrifie
Pour une autre que moy ...

Mais s'il meurt !... Ciel !.. quel sera mon supplice !
Quoy ! mon amour causera son trépas !...
N'importe, qu'il périsse,
Il vivroit pour d'autres appas ....

Qu'as-tu dit, Inhumaine !
Tu l'aimes !... quel amour ! helas !
Il est plus cruel que la haine.

Que je sens dans mon cœur de trouble & de combats !
Mais, ô Ciel ! ç'en est fait, je le voy qui s'avance,*
Ou plûtôt qui court à la mort.
Appercevant IPHIS.

SCENE TROISIE'ME.
MANTO s'avançant au devant d'IPHIS.

QUe vous avez d'impatience,
D'éprouver un funeste sort ?
IPHIS s'arrêtant seulement de côté.

Sans la Beauté que j'aime,
Pour moy le jour est un supplice extrême.
Il veut aller du côté du Château enchanté,

H

MANTO,

MANTO l'arrêtant.

Quoy ! rien ne sçauroit vous toucher !
Mes soupirs, ni mes pleurs, vôtre perte certaine,
Ne peuvent-ils vous arracher,
Au sort fatal qui vous entraîne ?

IPHIS.

Rendez-moy l'Objet de mes vœux,
Je vous devrois le bonheur de ma vie,
Si vous faisiez, pour moy cet effort généreux.

MANTO.

Je voudrois le pouvoir, c'est ma plus chere envie,
Iphis, que de vous rendre heureux.
Mais cette liberté, je me la suis ravie,
Par un serment fatal, qui malgré moy me lie,
L'enchantement affreux,
Où Ziriane est asservie,
Par mon Fils seul sera détruit ;
Mais si mon Art ne me séduit,
Chaque jour il me fait connoître,
Que bien-tôt dans ces lieux nous le verrons paroître,
Attendez....

IPHIS.

Moy ?...Non l'espoir qui vous luit,
Quand je pourrois l'en croire,
Feroit tord à ma gloire :
L'Amour qui me conduit
Me promet la victoire.

IPHIS va combatre le Monstre.

M A N T O éperduë.

Puisque je te conjure en vain,
Va, poursui ta fatale envie ;
Cours, chercher un trépas certain :
Mais pour moy, quand tu meurs, quel rigoureux destin
De ne pouvoir perdre la vie.

M A N T O tombe sur un gazon, accablée de douleur.

Iphis ayant tué le Monstre, on entend aussi-tôt un grand
éclat de tonnerre, & le Château enchanté disparoît.

M A N T O se relevant avec précipitation.

Qu'entens-je ?.. quel bruit ?... quels éclairs ?
Le charme se dissipe, & se perd dans les airs.

Appercevant I P H I S.

Mais quel bonheur, & quelle joye extrême,
Je retrouve mon Fils dans l'Inconnu que j'aime.

Elle l'embrasse.

Ah ! mon cher Fils !

I P H I S.

Moy, vôtre Fils !
Grands Dieux ! est-il possible !

M A N T O.

Enfin tous mes maux sont finis.
C'est du sang la force invincible,
Qui sçût en vous voyant rendre mon cœur sensible.

MANTO,

ENSEMBLE.

Que nôtre erreur nous a coûté
De chagrins & d'allarmes!
Mais deformais nôtre felicité
En aura plus de charmes.

MANTO voyant MERLIN qui amene ZIRIANE,
& les Princeſſes qui étoient dans le Château enchanté.

Merlin conduit icy l'Objet de tous vos vœux,
Ne ſongeons qu'à vous rendre heureux.

━━━━━━━━━━━━━━━━━━━━━━━━━━━━━

SCENE QUATRIE'ME.

MANTO, IPHIS, MERLIN,

ZIRIANE, & leur ſuite.

MERLIN.

LA gloire de ton Fils pour qui je m'intereſſe,
Me contraignit à l'enlever,
Pour arracher ſon cœur à la moleſſe,
Et te le faire retrouver
Plus digne encore de ta tendreſſe.
Mais ce n'eſt point aſſez; ſi ces tendres Amants
Ne trouvent dans ces lieux, la fin de leurs tourments.

A ZIRIANE.

J'en ay l'aveu du Prince vôtre Pere;
A vos tendres deſirs ſon cœur n'eſt point contraire.

MANTO préſente IPHIS à ZIRIANE,
& MERLIN, ZIRIANE à IPHIS.

ZIRIANE & IPHIS.

IPHIS. *Belle Princeſſe,*
ZIRIANE. *Mon cher Iphis,* enfin je vous revoy.

Ah! que vôtre danger m'avoit cauſé d'effroy!
Que j'ay ſouffert une douleur mortelle!
Mais quel plaiſir pour moy
De vous revoir toûjours fidele.

MERLIN.

Tendres Amants, ſoyez toûjours heureux;
Si l'Amour fait verſer des larmes,
C'eſt pour éprouver vos feux:
Il en a plus de charmes,
Quand il vient combler vos vœux.

MANTO.

Eſprits, qui chaque jour prenez ſoin de me plaire,
Venez de toutes parts dans ces heureux moments;
Où le Ciel à mes vœux ceſſe d'être contraire:
Sous d'aimables déguiſements,
Prendre part au bonheur de ces tendres Amants.

SCENE CINQUIÉME,
ET DERNIERE.

Les Acteurs des Scenes précedentes, & les Genies appellez par MANTO, sous d'agreables déguisemens.

LE CHOÉUR.

Qu'à jamais l'Amour & la Gloire,
Puißent combler tous vos desirs ;
Et que jaloux de vos plaisirs,
Ils se disputent la victoire,

UNE PRINCESSE.

Lieto brilla il cor nel petto,
Riede l'alma à festeggiar,
E pur caro quel diletto,
Che si prova nel amar.

DEUX SAUVAGES.

Dans nos climats heureux,
Si-tôt que de ses nœuds
L'amour nous lie ;
Un moment
Seulement,
C'est pour la vie.

OPERA.

Les plus beaux jours,
Font peu d'envie,
Sans les amours.
Beautez sauvages,
Laissez-vous enflâmer:
Tout doit aimer
Sur ces Rivages.

Dans nos climats heureux,
Si-tôt que de ses nœuds
L'Amour nous lie;
Un moment
Seulement,
C'est pour la vie.

LE CHOEUR.

L'Amour remporte la victoire.
Chantons, répetons tour à tour,
Rien ne peut égaler sa gloire.
Chantons, répetons tour à tour,
Ah! qu'il est doux de ceder à l'Amour.

FIN DU CINQUIE'ME ET DERNIER ACTE.

APPROBATION.

J'Ay lû, par ordre de Monseigneur le Chancelier, MANTO, Opera, & n'y ay rien trouvé qui en doive empêcher l'Impression. Fait à Paris ce 19. May 1710. FONTENELLE.

PRIVILEGE GENERAL.

LOUIS PAR LA GRACE DE DIEU, ROY DE FRANCE ET DE NAVARRE à nos amez & feaux Conseillers, les Gens tenant nos Cours de Parlement, Maîtres des Requêtes ordinaires de nôtre Hôtel, Grand Conseil, Prévôt de Paris, Baillifs, Senéchaux, leurs Lieutenants Civils, & autres nos Justiciers qu'il appartiendra, SALUT: Le Sieur GUYENET, nôtre Conseiller-Trésorier-General-Receveur & Payeur des Rentes de l'Hôtel de nôtre bonne Ville de Paris, Nous a fait remontrer qu'ayant obtenu de Nous le Privilege de faire representer les OPERA durant le temps de dix années, à compter du premier Mars 1709. Il auroit depuis acquis les Privileges que Nous avions cy devant accordez aux Sieurs de Francini, de Lully fils, & Ballard, pour l'impression desdits OPERA, lesquels il desireroit donner au Public, s'il Nous plaisoit luy accorder nos Lettres de Privilege sur ce necessaires. A CES CAUSES, desirant favorablement traiter l'Exposant, attendu les grandes dépenses qu'il convient faire, tant pour l'Impression que pour la Gravure en Taille-douce des Planches dont ce Livre sera orné. Nous luy avons permis & permettons par ces présentes de faire imprimer & graver les PAROLES, ET LA MUSIQUE DE TOUS LESDITS OPERA QUI ONT ETE, OU QUI SERONT REPRESENTEZ PAR L'ACADEMIE ROYALE DE MUSIQUE, tant separement, que conjointement, en telle forme, marge, caractere, nombre de Volumes, & de fois que bon luy semblera, & de les faire vendre & debiter par tout nôtre Royaume, pendant le temps de dix années consecutives, à compter du jour de la datte desdites présentes. FAISONS DEFENSES à toutes personnes de quelque qualité & condition qu'elles puissent être, d'en introduire d'impression étrangere, dans aucun lieu de nôtre obeissance; Et à tous Imprimeurs, Libraires, Graveurs, & autres, d'Imprimer, faire Imprimer, vendre, faire vendre, debiter, ny contrefaire lesdites Impressions, Planches & Figures, en tout ny en partie, sans la permission expresse & par écrit dudit Sieur Exposant, ou de ceux qui auront Droit de luy, à peine de confiscation des Exemplaires contrefaits, de six mil livres d'amende contre chacun des contrevenants; dont un tiers à Nous, un tiers à l'Hôtel-Dieu de Paris, l'autre tiers audit Sieur Exposant, & de tous dépens, dommages & interests: à la charge que ces présentes seront Enregistrées tout au long sur le Registre de la Communauté des Imprimeurs & Libraires de Paris, & ce dans trois mois de la datte d'icelles; Que la Gravure & Impression desdits Opera, sera faite dans nôtre Royaume, & non ailleurs, en bon Papier & en beaux Caracteres conformement aux Reglements de la Librairie; & qu'avant que de les exposer en vente, il en sera mis deux Exemplaires dans nôtre Bibliotheque publique, un dans celle de nôtre Château du Louvre, & un dans celle de nôtre tres-cher & feal Chevalier Chancellier de France le Sieur Phelypeaux, Comte de Pontchartrain, Commandeur de nos Ordres; le tout à peine de nullité des présentes: du contenu desquelles, vous mandons & enjoignons de faire joüir ledit Sieur Exposant, ou ses Ayants cause, pleinement & paisiblement, sans souffrir qu'il leur soit fait aucun trouble ou empéchement. VOULONS que la copie desdites présentes, qui sera imprimée, au commencement ou à la fin desdits Opera, soit tenuë pour duëment signifiée, & qu'aux copies collationnées, par l'un de nos amez & feaux Conseillers & Secretaires, foy soit ajoûtée comme à l'Original. COMMANDONS au premier nôtre Huissier ou Sergent, de faire pour l'exécution d'icelles, tous Actes requis & necessaires, sans demander autre permission, & nonobstant Clameur de Haro, Charte Normande, & Lettres à ce contraires: Car tel est nôtre plaisir. DONNE à Paris le vingt-deuxieme jour de Juin, l'An de grace 1709. Et de nôtre Regne, le soixante-septiéme. Par le ROY, en son Conseil. Signé, LE COMTE, avec Paraphe, & scellé.

J'ay cedé à Monsieur *Ballard*, seul Imprimeur du Roy pour la Musique, le present Privilege, suivant le Traité fait avec luy le 19e. jour d'Avril 1709. A Paris ce 12. Juillet 1709. Signé, GUYENET.

Registré sur le Registre No. 2. *de la Communauté des Imprimeurs & Libraires de Paris, page 461. No. 901. & 902. conformément aux Reglements, & nottamment à l'Arrest du Conseil du 13. Aoust 1703. A Paris le 12. Juillet 1709.* Siné L, SALESTRE, Syndic.

www.ingramcontent.com/pod-product-compliance
Lightning Source LLC
Chambersburg PA
CBHW050013070726
47598CB00014B/938